VENTE

Du Samedi 8 Mai 1875

HOTEL DROUOT, SALLES Nᵒˢ 10 ET 11

(AU REZ-DE-CHAUSSÉE)

CATALOGUE

DE

32 TAPISSERIES

BOIS SCULPTÉS — FAIENCES — MEUBLES — TABLEAUX

ORFÉVRERIE — CURIOSITÉS DIVERSES

LE TOUT ARRIVANT DE L'ÉTRANGER

EXPOSITION PUBLIQUE

LE VENDREDI 7 MAI 1875

DE 1 HEURE 1/2 A 6 HEURES

COMMISSAIRE-PRISEUR	EXPERT
Mᵉ CHARLES OUDART	M. L. BLOCHE
31, rue Le Peletier	19, boulevard Montmartre

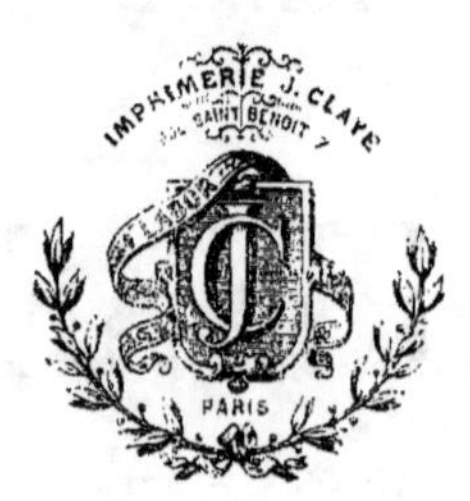
IMPRIMERIE J. CLAYE
RUE SAINT-BENOIT 7
PARIS

CONDITIONS DE LA VENTE

Elle sera faite au comptant.

Les acquéreurs payeront *cinq centimes par franc* en sus des enchères, applicables aux frais.

L'Exposition mettant les Adjudicataires à même de se rendre compte de l'état et de la nature des objets, il ne sera admis aucune réclamation une fois l'adjudication prononcée.

DÉSIGNATION

TAPISSERIES

1. — Série de quatre Tapisseries de la fabrique de Ferrare, XVIᵉ siècle, représentant des jardins et des arcades supportées par des cariatides, animés de personnages. Bordures à figures et attributs, présentant en haut les armes du duc d'Este et une inscription : *Henri duc IVᵉ.*

> 1ʳᵉ longueur, 7ᵐ,00, hauteur, 4ᵐ,90.
> 2ᵐᵉ longueur, 5ᵐ,25, hauteur, 5ᵐ,00.
> 3ᵐᵉ longueur, 4ᵐ,95, hauteur, 4ᵐ,95.
> 4ᵐᵉ longueur, 5ᵐ,15, hauteur, 4ᵐ,90.

2. — Série de trois Tapisseries représentant des vases et des aiguières chargés de fleurs. Bordures à oiseaux, cornes d'abondance et vases de fleurs.

> 1ʳᵉ longueur, 3ᵐ,40, hauteur, 3ᵐ,35.
> 2ᵐᵉ longueur, 3ᵐ,40, hauteur, 3ᵐ,35.
> 3ᵐᵉ longueur, 3ᵐ,50, hauteur, 3ᵐ,45.

3. — Tapisserie *verdure* animée de quadrupèdes et de volatiles. Bordures à médaillons, oiseaux et fleurs.

> Longueur, 4ᵐ,70, hauteur, 3ᵐ,55.

4. — Tapisserie *verdure*, avec bordure à fleurs et fruits.

Longueur, 2^m,55, hauteur, 3^m,20.

5. — Portière en tapisserie représentant des guerriers romains. Bordures sur deux côtés à médaillons, fleurs et fruits. XVIIe siècle.

Longueur, 4^m,35, hauteur, 3^m,45.

6. — Portière en tapisserie représentant trois dames dans un jardin, XVIIe siècle.

Longueur, 0^m,90, hauteur, 2^m,45.

7. — Tapisserie représentant un sujet biblique, composé de nombreux personnages. XVIIe siècle.

Longueur, 3^m,40, hauteur, 4^m,95.

8. — Tapisserie du temps *d'Henri IV*, représentant une chasse à laquelle prennent part de nombreux personnages.

Longueur, 2^m,95, hauteur, 2^m,00.

9. — Tapisserie du XVIIe siècle représentant un sujet historique composée de nombreux personnages. Bordure à figures, médaillons, écussons, fleurs et fruits.

Longueur, 4^m,95, hauteur, 3^m,50.

10. — Tapisserie, époque *Louis XIV*, représentant quatre dames dans un jardin. Bordure à rinceaux.

Longueur, 3^m,05, hauteur, 4^m,90.

11. — Tapisserie du XVIe siècle, fabrique de Bruges, représentant une chasse. Bordure à figures allégoriques, cariatides, fleurs et fruits.

Longueur, 2^m,50, hauteur, 3^m,40.

12. — Tapisserie de l'époque *Henri III*, représentant une chasse à laquelle prennent part beaucoup de personnages.

Longueur, 2^m,35, hauteur, 2^m,15.

13. — Tapisserie de la même époque, représentant Diane à la chasse.

Longueur, 4^m,35, hauteur, 4^m,40.

14. — Tapisserie du XVIIe siècle représentant une allégorie des monarchies de France et d'Italie, dont les emblèmes sont séparés par les symboles de la justice et des trophées.

Longueur, 5^m,70, hauteur, 3^m,60.

15. — Tapisserie représentant des oiseaux perchés sur des arbres et sur des balcons. Bordure à fleurs.

Longueur, 3^m,15, hauteur, 3^m,50.

16. — Tapisserie *verdure*, bordure à fleurs.

Longueur, 2^m,65, hauteur, 2^m,65.

17. — Tapisserie, époque *Henri IV*, représentant une chasse animée de nombreux personnages. Bordure à médaillons, figures et fleurs.

Longueur, 3^m,85, hauteur, 3^m,30.

18. — Panneau en Tapisserie du temps d'*Henri III*, représentant une chasse.

Longueur, 1^m,55, hauteur, 2^m,00.

19. — Tapisserie représentant un cerf au bord d'un étang, fond de paysage. Bordure à fleurs.

Longueur, 2^m,85, hauteur, 2^m,80.

20. — Tapisserie, époque *Louis XIV*, représentant une battue, bordure à fleurs.

Longueur, 2^m,30, hauteur, 2^m,90.

21. — Tapisserie *verdure* animée d'animaux. Bordure à fleurs.

Longueur, 5^m,20, hauteur, 3^m,00.

22. — Tapisserie *verdure* animée de personnages. Bordure à fleurs.

Longueur, 4^m,00, hauteur, 2^m,90.

23. — Panneau en Tapisserie au point, représentant des fleurs et des feuillages sur fond vert, époque *Louis XIII*.

Longueur, 3^m,00, hauteur, 3^m,00.

24. — Tapisserie du XVIe siècle, représentant un épisode de l'histoire de Cyrus. Bordure à figures, médaillons et guirlandes.

Longueur, 4^m,50, hauteur, 3^m,15.

25. — Tapisserie de la fin du XVIIe siècle, représentant un sujet historique. Bordure à écussons supportés par des amours et guirlandes.

Longueur, 4^m.95, hauteur, 4^m.05.

26. — Panneau en tapisserie de la même époque, représentant le sauvetage des eaux d'un guerrier romain.

Longueur, 2^m,25, hauteur, 3^m.90.

27. — Tapisserie représentant des trophées.

Longueur, 2^m,45, hauteur, 3^m.60.

28. — Quatre Bandes de tapisserie au point, représentant des sujets d'après *Bérain*, mesurant en totalité 6 mètres.

29. — Plusieurs Dessus de siéges en tapisserie au point.

OBJETS DE CURIOSITÉS

30. — Meubles en bois sculpté et doré, Panneaux, Cabinets,
Tableaux, Plaques en faïence de Lucca della Robbia,
Faïences, Orfévrerie, Argenterie, Objets divers.

PARIS. — J. CLAYE, IMPRIMEUR, 7, RUE SAINT-BENOIT. — [968]